# Mein Pferd ist auf den Kopf gestellt

Die Reitersprache,
karikiert von Ulrik Schramm
und erläutert von Günther Festerling

Nymphenburger Verlagshandlung

Originalausgabe

Umschlaggestaltung: Edda + Jörg Greif, München
unter Verwendung einer Karikatur von Ulrik Schramm

Satz: IBV Lichtsatz KG, Berlin
Druck und Bindung: Graph. Kunstanstalt Jos. C. Huber KG, Dießen
ISBN 3-485-01761-2
Printed in Germany

INHALT

30 Das Pferd verliert die Beine
31 Dressurpferd
32 Ein Pferd ist losgelassen
33 Das Pferd sucht Anlehnung
34 Das Pferd nimmt das Gebiß nicht an
35 Das Pferd ist tot im Maul
36 Das Pferd nimmt dem Reiter die Hand
37 Das Pferd verkriecht sich
38 Das Pferd geht über dem Zügel
39 Dem Pferd die Zügel hingeben
40 Das Pferd geht ohne Rücken
41 Das Pferd geht in Stellung
42 Das Pferd geschmeidig machen
43 Wendungen im Gange
44 Das Pferd geht auf der Vorhand
45 Das Pferd ist durchlässig
46 Das Pferd ist gut gesetzt
47 Versammlung
48 Das Pferd ist zusammengeschraubt
49 Gebundener Schritt
50 Das Pferd ist auf den Kopf gestellt
51 Zerbrochener Galopp
52 Das Pferd wird überfallen
53 Das Pferd läßt gut sitzen
54 Das Pferd wirft
55 Schulterherein
56 Das Pferd fällt auseinander
57 Handarbeit
58 Das Pferd pullt
59 Das Pferd macht Klötze
60 Saubermachen

# 1

## DAS PFERD IST GESTIEFELT

Ein gestiefeltes Pferd hat an den Vorder- bzw. Hinterbeinen weiße Farbabweichungen von seiner Grundfarbe. Es kann ganz oder auch nur halb gestiefelt sein. Ganz gestiefelt ist es, wenn das Weiße am Vorderbein bis zum Vorderfußwurzelgelenk (Vorderknie), am Hinterbein bis zum Sprunggelenk oder darüber reicht. Diese weißen Zeichnungen an den Beinen werden zusammen mit anderen weißen Stellen am Kopf oder Körper des Pferdes Abzeichen genannt.

# 2

## DAS PFERD HAT DAMPF

Dampf oder Dämpfigkeit ist eine chronische, unheilbare Erkrankung der Lunge oder des Herzens. Sie ist mit starken Atembeschwerden verbunden, setzt dic Leistung des Pferdes und somit seinen Wert stark herab und führt fast immer zu seiner völligen Unbrauchbarkeit. Dämpfigkeit gehört zu den sogenannten gesetzlichen Gewährsmängeln. Der Käufer eines damit behafteten Pferdes kann es bei Erkennung dieses Fehlers innerhalb von 14 Tagen nach dem Ankauf dem Verkäufer bei Rückerstattung des vollen Kaufpreises zurückgeben.

# 3

## HUFROLLE

Die Hufrolle setzt sich zusammen aus dem Strahlbein, dem Ende der tiefen Beugesehne und dem zwischen beiden befindlichen Hufrollenschleimbeutel. Die gefürchtete Hufrollenerkrankung ist ein Abnutzungsprozeß des Strahlbeines unter Einbeziehung der tiefen Beugesehne und des Schleimbeutels. Sie ist eine typische Reitpferderkrankung. Ursachen sind extreme Belastungen unter dem Reitergewicht, z. B. das Landen nach hohen Sprüngen, und vor allem das Reiten im forcierten Tempo bei scharfen Wendungen. Stellungsfehler des Pferdes und falscher Beschlag (zu kurze oder zu enge Eisen) können sich ebenfalls nachteilig auswirken. Anfangs zeigt sich meistens eine geringfügige Lahmheit auf einem oder beiden Vorderbeinen, die oft nach kurzer Bewegung verschwindet, im Laufe der Zeit aber immer deutlicher wird. Die Diagnose ist nur durch Röntgen oder diagnostische Injektion zu erstellen. Da es sich um einen unheilbaren Prozeß handelt, beschränkt sich die Behandlung auf Linderung oder Beseitigung der Schmerzen. Orthopädischer Hufbeschlag, wie z. B. Einlegen von Keilen oder Verstärken der Schenkel, kann die Hufrolle entlasten. Beim Nervenschnitt werden die Nervenäste durchtrennt, welche die Hufrolle innervieren.

E

# 4

## DAS PFERD IST ÜBERBAUT

Überbaut nennt man ein Pferd, wenn es hinten höher ist als vorn. Von der Seite her gesehen ist der höchste Teil der Kruppe höher als der Widerrist des Pferdes. Dies ist ein Gebäudefehler, der bei Material- und Eignungsprüfungen negativ bewertet wird. Solche Pferde sind meistens auch für die spezielle dressurmäßige Ausbildung wenig geeignet, da ihnen die Senkung der Hinterhand sehr schwerfällt (siehe »Das Pferd ist gut gesetzt«). Häufig können diese Pferde jedoch sehr gut springen und auch besonders schnell galoppieren.

# 5

## DAS PFERD TRÄGT EINE SCHÖNE JACKE

Mit dieser Bezeichnung ist das Fell des Pferdes gemeint. Hat es eine auffallend schöne Farbe und ist sein Deckhaar durch gute Pflege kurz und glänzend gehalten, spricht man von einer schönen Jacke. Gut und fachmännisch frisiertes Langhaar (Mähne und Schweif) vervollständigen diesen vorteilhaften Eindruck. Auch gute und sachgemäße Fütterung trägt zum Glanz des Felles bei. In vielen Ställen werden die Pferde während der Wintermonate eingedeckt, damit das Deckhaar kurz bleibt und sich nicht der sogenannte Winterpelz entwickeln kann.

# 6

## HAHNENTRITT

Unter Hahnentritt versteht man ein krampfartiges Anziehen und übertrieben starkes Anwinkeln der Hinterbeine in den Sprunggelenken. Hierunter leidet in vielen Fällen der Vortritt der Hinterbeine. Dieser Mangel tritt hauptsächlich in den Gangarten Trab und Galopp auf und wird in Dressurprüfungen nachteilig bewertet. Ursache kann eine Erkrankung im Sprunggelenk oder natürliche Veranlagung sein.

# 7

## DAMENPFERD

Als Damenpferd wird in der Regel ein nicht zu großes, äußerlich elegant wirkendes und vor allen Dingen auch leichtrittiges Pferd bezeichnet. Es soll auf feinste Hilfengebung des Reiters reagieren. Allerdings ist das elegante Erscheinungsbild nicht immer auch Garantie für ein leicht zu reitendes Pferd; sehr oft können große und figurante Pferde sehr feinfühlig sein und sich sehr angenehm reiten lassen, während wiederum kleine und zierliche Pferde diese Eigenschaften nicht immer aufweisen.

# 8

## DAS PFERD DECKT DEN REITER

Ein Pferd deckt den Reiter, wenn es in seiner Größe und seinem Gebäude zur Figur seines Reiters paßt. Obwohl auch mitunter kleine Pferde aufgrund eines kräftigen Rückens schwergewichtige und große Reiter tragen können, sieht das Gesamtbild nicht gerade vorteilhaft aus. In diesem Falle spricht man davon, daß das Pferd den Reiter nicht deckt.

# 9

## SCHWEBEPHASE

Die Schwebephase ist der Moment in den Gangarten Trab und Galopp, in dem das Pferd mit allen vier Beinen vom Boden entfernt ist. Im Trab zum Beispiel fußt das Pferd mit einem diagonalen Beinpaar gleichzeitig auf, dann folgt der Moment der freien Schwebe, dann das gleichzeitige Auffußen des anderen diagonalen Beinpaares. Auch im Galopp ist der Moment der freien Schwebe enthalten. Im Schritt dagegen befindet sich das Pferd immer im Kontakt mit dem Boden und niemals mit allen vier Beinen gleichzeitig in der Luft.

# 10

## DAS PFERD STRAHLT

Strahlen bedeutet, daß das Pferd Urin läßt. Es kann dies nur im Stehen tun, wogegen es meistens ohne Schwierigkeiten in der Bewegung misten kann.

# 11

## JAGDPFERD

Ein speziell für Jagden gebrauchtes Pferd muß mehrere ausgeprägte Eigenschaften haben. Härte, Ausdauer und eine durch systematisches Training erreichte Kondition sind besonders wichtig, da Jagden sehr oft über große Distanzen führen. Weite, raumgreifende, dabei ruhige Galoppsprünge sollen die erforderliche Schnelligkeit sichern. Mut und Leistungsbereitschaft sollen es in die Lage bringen, jedes im Gelände vorkommende Hindernis willig und entschlossen anzunehmen und in sicherer Manier zu überwinden. Besonders entscheidend ist sein ruhiges und ausgeglichenes, keinesfalls aber phlegmatisches Temperament. Nichts ist für einen passionierten Jagdreiter unangenehmer, als im Pulk ein heftiges und vorwärtsstürmendes Pferd reiten zu müssen.

# 12

## FLIEGENSCHIMMEL

Beim Fliegenschimmel ist das helle Deckhaar des Pferdes mit vielen kleinen dunklen Punkten übersät. Diese Zeichnung eines Pferdes kommt verhältnismäßig selten vor.

# 13

## KRIPPENSETZER

Krippensetzer oder Kopper nennt man Pferde, welche die Angewohnheit haben, Luft zu schlucken. Diese Unart kann zur Schwerfutterigkeit und besonders auch zu häufigen Kolikanfällen führen. Hierdurch wird die Leistungsfähigkeit eines Pferdes stark herabgesetzt; aus diesem Grunde gilt Krippensetzen oder Koppen ebenfalls als gesetzlicher Gewährsmangel (siehe »Das Pferd hat Dampf«). Das anfängliche Krippensetzen, bei dem die Pferde die Vorderzähne auf der Krippe oder einem anderen Gegenstand aufsetzen und mit einem rülpsenden Geräusch Luft schlucken, führt häufig nach einiger Zeit zum Freikoppen, bei welchem das Pferd keinen Gegenstand mehr zum Aufsetzen und Luftschlucken braucht. In den meisten Fällen ist Langeweile der Grund dieser Untugend. Besonders unangenehm ist, daß sich neben Krippensetzern stehende Pferde diese Untugend sehr oft angewöhnen.

# 14

## EIN PFERD WIRD GELEGT

Hengste, die den Erwartungen der Zucht nicht entsprechen und als Reitpferd nicht Hengst bleiben sollen, werden gelegt, das heißt, sie werden kastriert. Dies geschieht in den meisten Fällen im Alter von 1–1½ Jahren. Bei Hengsten, die in der Zucht Verwendung finden sollen, aber nicht angekört werden, wird die Kastration im Alter von 2½–3 Jahren vorgenommen. Auch bei älteren Hengsten kann die Kastration noch durchgeführt werden.

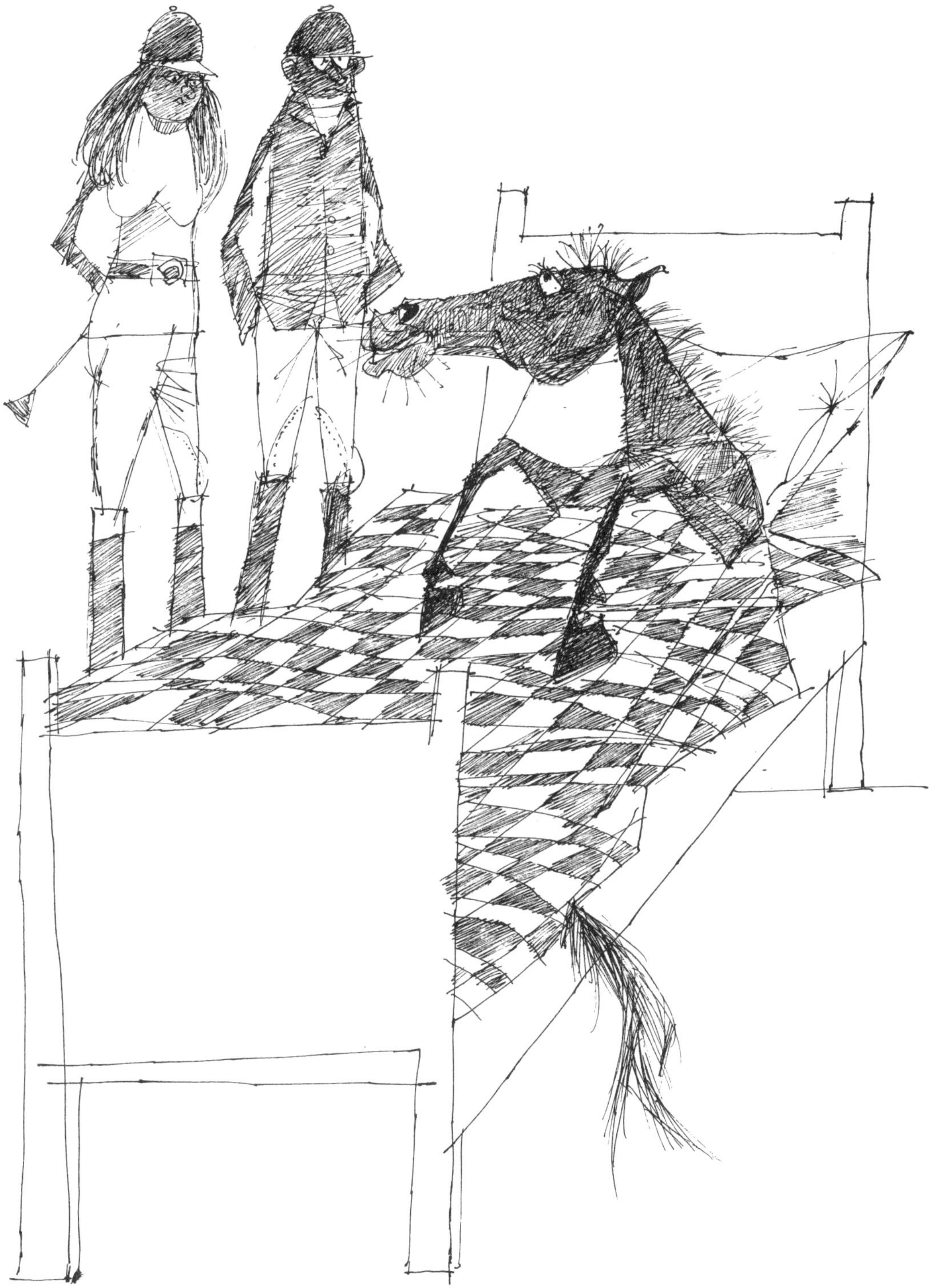

# 15

## EIN PFERD HAT VIEL ADEL

Ein Pferd, das viel Adel hat bzw. »hoch im Blut steht«, ist von sehr edler Abstammung. Es handelt sich dabei um einen Vollblüter oder um einen Warmblüter mit hohem Vollblutanteil. Äußere Merkmale wie z. B. ein trockener, edler Kopf, feine und trotzdem kräftige Gliedmaßen sowie gut ausgeprägte Gelenke lassen auf viel Adel des Pferdes schließen.

# 16

## QUADRATPFERD

Hat ein Pferd einen quadratischen Körperbau, spricht man von einem Quadratpferd. Es steht im Gegensatz zum sogenannten Rechteckpferd, dessen Körperform eher rechteckig ist. Das Rechteckpferd ist in der Regel besser als Reitpferd zu gebrauchen, weil sein etwas längerer Rücken den Reiter geschmeidiger und weicher sitzen läßt.

# 17

## HECHTKOPF

Beim Hechtkopf ist das Nasenbein des Pferdes leicht nach innen gebogen. Dies ist sehr häufig bei Arabern oder Pferden mit arabischem Bluteinschlag der Fall. Der Hechtkopf ist fast durchweg klein, schmal und sehr edel. Das Gegenteil von dieser Kopfform ist der sogenannte Ramskopf, bei dem das Nasenbein leicht nach außen gewölbt ist.

# 18

## SCHWERGEWICHTSTRÄGER

Als Schwergewichtsträger gilt ein Pferd mit einem kräftigen, meistens nicht zu langen Rücken. Es muß nicht immer, wie allgemein geglaubt wird, ein großes und mächtiges Pferd sein. Oft findet man bei mittelgroßen Pferden einen sehr tragfähigen, gut bemuskelten Rücken in Verbindung mit einer kräftigen Hinterhand, wogegen große Pferde häufig einen zu langen, schwach bemuskelten und daher empfindlichen Rücken haben.

# 19

## DAS PFERD HAT REHE

Die Rehe ist eine Erkrankung des Hufes. Wird eine Entzündung der Huflederhaut chronisch, hat sie eine Veränderung der Hufform zur Folge und kann zur Unbrauchbarkeit des Pferdes führen. Die Rehe tritt häufig auch plötzlich auf und kann verschiedene Ursachen haben, wie z. B. unsachgemäße, zu stark eiweißhaltige Fütterung, einen vorausgegangenen Nierenverschlag oder auch plötzliche Ruhe nach großen Anstrengungen.

# 20

## SCHLEPPJAGD

In Deutschland ist die Jagd hinter lebendem Wild verboten. Wenn also hinter der Meute, d. h. hinter Hunden gejagt werden soll, muß für diese eine künstliche Fährte gelegt werden. Sie wird durch eine sogenannte Schleppe von einem den Hunden vorausgeschickten Fährtenleger zu Pferde markiert. Diese Art der Spurenlegung macht es möglich, die Jagd durch vorher ausgesuchte Gebiete mit ausgewählten natürlichen und künstlich aufgebauten Hindernissen zu führen.

# 21

## STUHLSITZ

Ein fehlerhafter Sitz des Reiters. Die Knie sind, meistens infolge zu kurzer Bügelschnallung, hochgezogen. Außerdem sitzt der Reiter mit eingezogenem Leib und nach hinten herausgedrücktem Gesäß. Dieser grundlegend falsche Sitz führt in jedem Falle zum Verlust jeglicher treibenden Einwirkung des Reiters.

# 22

## DAS PFERD PARKT

Dies ist ein neu entstandener Ausdruck aus dem Bereich des Springsports. Verweigert ein Pferd vor einem Hindernis seinem Reiter den Gehorsam und bleibt stehen, so spricht man im Reiterjargon vom Parken des Pferdes.

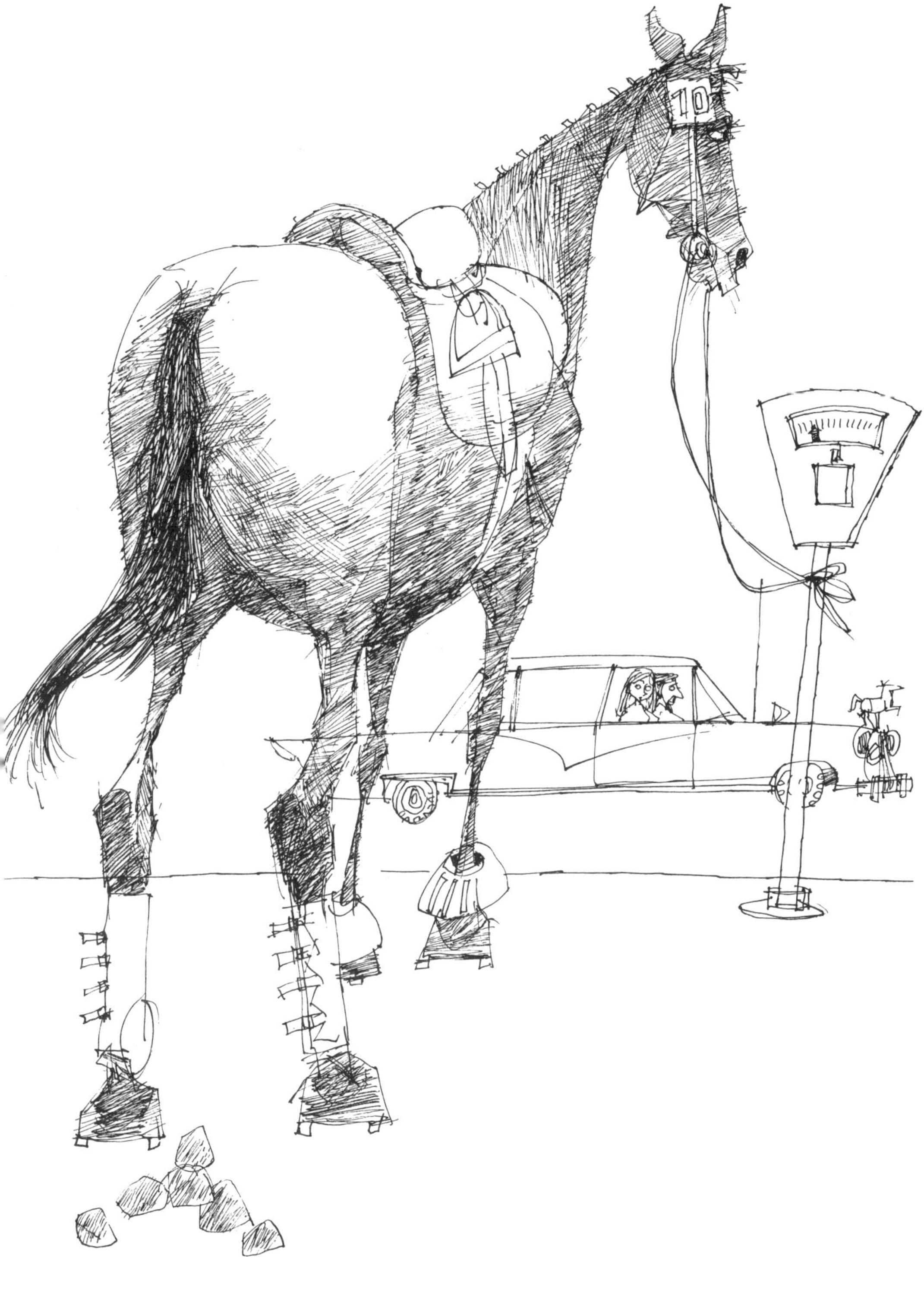
10

# 23

## DAS PFERD IST GUT BEHOST

Ist die Muskulatur der Hinterhand zwischen den Schenkeln und an deren Außenseiten gut ausgeprägt, spricht man von guter Behosung eines Pferdes. Seine gute oder schlechte Behosung erkennt man am ehesten, wenn man das Pferd von hinten betrachtet.

# 24

## DAS PFERD WEBT

Das sogenannte Weben ist eine Untugend im Stall, bei der das Pferd mit einer schaukelnden Bewegung auf den Vorderbeinen hin- und hertritt. Die Folge davon ist in sehr vielen Fällen eine verfrühte Abnutzung der Vorderbeine. Wie beim Krippensetzen (vgl. Nr. 13) ist der Grund dieser Unart häufig Langeweile oder auch innere Nervosität des Pferdes. Wiederum besonders unangenehm ist es, daß sich in der Nähe stehende Pferde diese Untugend ebenfalls angewöhnen können. Das Weben eines Pferdes ist kein gesetzlicher Gewährsmangel.

# 25

## DAS PFERD BÜGELT

Bügeln nennt man eine seitlich ausladende, schaufelnde Bewegung mit einem oder beiden Vorderbeinen im Trab, gelegentlich auch im Schritt. Obwohl diese Eigenart eines Pferdes nur selten seine Leistung beeinflußt, wird sie in Material- und Eignungsprüfungen bei Erteilung der Trabnote negativ bewertet.

# 26

## DAS PFERD KLEBT

Das Kleben ist eine für den Reiter äußerst unangenehme Angewohnheit des Pferdes. Der sogenannte Kleber zeigt ein nachdrückliches Bestreben, in der unmittelbaren Nähe seiner Artgenossen zu bleiben. Dies kann in ausgeprägten Fällen dazu führen, daß ein weniger erfahrener Reiter nicht in der Lage ist, sich mit seinem Pferd aus einer Abteilung oder einem Pulk zu lösen und allein weiterzureiten. Pferde können auch am Stall kleben und lassen sich von dort nur höchst widerwillig entfernen. Häufig ist zu beobachten, daß Pferde auf Turnieren nur widerstrebend die Springbahn betreten oder während des Rittes am Ausgang quengeln bzw. einfach stehenbleiben. In solchen Momenten des krassen Ungehorsams können sich nur sehr sichere Reiter durch korrektes und bestimmtes Zusammenwirken ihrer Hilfen durchsetzen und haben dementsprechend auch die Möglichkeit, ihren Pferden diese Unart auf die Dauer abzugewöhnen.

# 27

## PULVERMANNS GRAB

Pulvermanns Grab ist die spezielle Art eines Hindernisses. Es trägt diesen Namen nach seinem Erfinder Edgar Pulvermann und besteht aus einer mehr oder weniger geneigten Senke, an deren Anfang und Ende sich je ein Rick befindet. Im tiefsten Punkt der Mulde ist außerdem ein kleiner, trokkener oder mit Wasser gefüllter überbauter Graben angelegt. Das Pferd muß also vom ebenen Boden über das erste Rick auf eine abschüssige Bahn, dann nach etwa zwei Galoppsprüngen über den Graben auf die nach aufwärts geneigte Bahn und von dieser nach wiederum etwa zwei Galoppsprüngen über den Aussprung auf den ebenen Boden zurückspringen. Pferde, die im Training nicht mit dieser Hindernisart vertraut gemacht worden sind, handeln sich hierbei häufig Fehlerpunkte ein.

PULVERMANN

# 28

## DER REITER SITZT HINTER DER BEWEGUNG

Kann ein Reiter beim unvermutet frühen Absprung seines Pferdes vor einem Hindernis nicht rechtzeitig seinen Schwerpunkt nach vorn verlagern und sich so der Aufwärts-Vorwärtsbewegung des Pferdes anpassen, sitzt er hinter der Bewegung. Der Rücken des Pferdes bleibt bei diesem Sitzfehler des Reiters voll belastet, was sich wiederum negativ auf die Beintechnik des Pferdes über dem Sprung auswirkt. Geschickte Reiter gleichen diesen Fehler durch Öffnen der Hände weitgehend aus, so daß dem Pferd über dem Hindernis wenigstens die größtmögliche Streckung des Halses erlaubt wird.

# 29

## ABREITEN

Abreiten wird die unmittelbare Vorbereitung eines Pferdes vor einer Leistungsprüfung genannt. Bei jedem Turnierplatz befindet sich ein Abreiteplatz, auf dem Dressur- oder Springreiter ihre Pferde auf die entsprechende Prüfung vorbereiten können. Um in einer Dressur- bzw. Springprüfung eine gute Leistung zu erzielen, muß ein Pferd völlig entspannt gehen und sicher auf die Hilfen seines Reiters reagieren. Das Zeitmaß, das Reiter zur Vorbereitung ihrer Pferde brauchen, ist sehr unterschiedlich. Von großer Wichtigkeit ist es, daß der Reiter die sogenannte lösende Arbeit nicht zu kurz bemißt. Andererseits kann zu langes Abreiten dazu führen, daß ein Pferd nicht mehr genügend Energie und Schwung für seine Aufgabe im Parcours bzw. im Dressurviereck hat.

# 30

## DAS PFERD VERLIERT DIE BEINE

Ein Pferd verliert die Beine, wenn es durch Überforderung seines Gangmaßes aus dem Takt gerät und somit auch die Sicherheit beim Auffußen verliert. Fehltritte oder Stolpern des Pferdes auf unebenem Gelände und auch das Stürzen beim Springen eines Hindernisses wird ebenfalls als Verlieren der Beine bezeichnet.

# 31

## DRESSURPFERD

Sinn und Zweck der dressurmäßigen Ausbildung ist es, das Pferd durch systematische Gymnastizierung seines Körpers zur vollen Entfaltung seiner natürlichen Möglichkeiten zu bringen und es gehorsam zu machen. Mit jeglicher Art von Abrichtung hat diese körperliche Formung des Pferdes nichts zu tun. Aus diesem Grund ist die dressurmäßige Arbeit eines Pferdes nicht nur Selbstzweck, sondern auch Mittel zum Zweck bei der Ausbildung von Spring- und Geländepferden. Als ausgesprochenes Dressurpferd wird ein Pferd bezeichnet, das in der Lage ist, in mittelschweren und schweren Dressurprüfungen mit Erfolg zu starten. Diese Prüfungen gelten durch die in ihnen verlangten Lektionen als Prüfstein für Ausbildungsstand und Gerittensein des Pferdes.

# 32

## EIN PFERD IST LOSGELASSEN

Ein losgelassenes Pferd geht unter dem Reiter ohne jede Verkrampfung und Steifheit. Aus diesem Grund ist die Losgelassenheit eines Pferdes Voraussetzung der Harmonie zwischen Reiter und Pferd sowohl beim dressurmäßigen Reiten wie auch beim Springen. Das Pferd ist losgelassen, wenn es taktmäßig tritt, den Rücken hergibt, so daß der Reiter zum Sitzen und zum Treiben kommt, den Hals nach vorwärts-abwärts an die Hand des Reiters herandehnt und den Schweif natürlich und ohne Spannung trägt. Diese Kenntnis der äußeren Merkmale der Losgelassenheit ist deswegen so wichtig, da manche Pferde in ganz kurzer Zeit gelöst sind, andere wiederum sehr lange dazu brauchen. Zum Lösen seines Pferdes wendet der Reiter lösende Lektionen an, das sind Übungen, welche die Tätigkeit der Rükkenmuskulatur besonders anregen. Die Lektion »Zügel aus der Hand kauen lassen« gilt in einer Dressurprüfung unter anderem als Prüfstein für die Losgelassenheit des Pferdes.

# 33

## DAS PFERD SUCHT ANLEHNUNG

Anlehnung ist eine möglichst weiche, aber stete Verbindung zwischen Pferdemaul und Reiterhand. Wird ein Pferd durch die vortreibenden Hilfen des Reiters in Verbindung mit weicher und gefühlvoller Hand dazu veranlaßt, an das Gebiß in seinem Maul heranzutreten und behaglich auf ihm zu kauen, so sucht es die Anlehnung. Öffnet der Reiter die Hände, soll sich das Pferd im Hals nach vorwärts-abwärts dehnen und das Gebiß und somit die Anlehnung in der Tiefe suchen. Ruhige, gleichmäßige Bewegungen sowie ein hergegebener und schwingender Rücken sind das Ergebnis dieser wichtigen Phase in der Ausbildung eines Pferdes.

# 34

## DAS PFERD NIMMT DAS GEBISS NICHT AN

Nimmt ein Pferd das Gebiß nicht an, so geht es entweder über, gegen oder hinter dem Zügel. In allen diesen Fällen der fehlerhaften Anlehnung kann sich das Pferd der treibenden Einwirkung des Reiters und damit jeglicher Gymnastizierung seines Körpers entziehen. Energisch vortreibende Hilfen des Reiters in Verbindung mit einer gefühlvollen und elastischen Hand müssen das Pferd dazu bringen, das Gebiß anzunehmen, vertrauensvoll auf ihm zu kauen und so »am Zügel« zu gehen.

# 35

## DAS PFERD IST TOT IM MAUL

Leicht, aber sicher soll das korrekt gerittene Pferd an der Hand des Reiters stehen. Es soll das Gebiß in seinem Maul »anfassen« und vertrauensvoll auf ihm kauen. Dabei soll sich im Maul weißer und flockiger Schaum bilden. Diese Schaumbildung entsteht durch die Tätigkeit der in der Ganaschengegend liegenden Drüsen und zeugt von der elastischen und gefühlvollen Hand des Reiters. Zeigt das Pferd kein tätiges Maul und somit keinerlei Schaumbildung, hat dies meistens seinen Grund in einer starren oder harten Reiterhand und läßt auf Widerstand im Maul und Genick des Pferdes schließen. Ein so bezeichnetes totes Maul gilt als erheblicher Fehler in der Ausbildung eines Pferdes.

# 36

## DAS PFERD NIMMT DEM REITER DIE HAND

Ein Pferd nimmt dem Reiter die Hand, wenn es gewaltsam gegen das Gebiß geht, davonstürmt und so dem Reiter die Einwirkung mit den Zügelhilfen nimmt. In schlimmen Fällen kann dies zu dem höchst unangenehmen und oft auch sehr gefährlichen Durchgehen des Pferdes führen. Im Temperament sehr heftige oder durch zu harte Handeinwirkung des Reiters im Maul unempfindlich gewordene Pferde neigen besonders zu dieser Unart. Der Reiter eines solchen Pferdes muß alles tun, das Maul seines Pferdes wieder empfindsam zu machen. Er muß es durch vortreibende, ruhige Hilfen bei weicher und gefühlvoller Hand dazu bringen, wieder vertrauensvoll an das Gebiß heranzutreten und dadurch auf die Einwirkung der Zügelhilfen zu reagieren.

# 37

## DAS PFERD VERKRIECHT SICH

Mit dieser Bezeichnung ist das bereits erwähnte »Hinter-dem-Zügel-Gehen« eines Pferdes gemeint. Indem das Pferd mit der Stirnlinie stark hinter die Senkrechte abkippt, entzieht es sich der Anlchnung und damit den treibenden Hilfen des Reiters. Es verkriecht sich praktisch hinter dem Gebiß. Nur energisch vortreibende Hilfen des Reiters in Verbindung mit nachgebenden Zügelhilfen veranlassen das Pferd, wieder an das Gebiß heranzutreten. Die Korrektur dieses gefürchteten Fehlers ist jedoch ausschließlich Reitern mit viel Routine und sehr starker Einwirkung vorbehalten.

# 38

## DAS PFERD GEHT ÜBER DEM ZÜGEL

Ziel der Grundausbildung ist das taktmäßig und losgelassen am Zügel gehende Pferd. Es soll bei williger Hergabe des Genickes und leichter Wölbung des Halses willig an das Gebiß in seinem Maul herantreten, so daß dieses den Gegenpol für die treibenden Gewichts- und Schenkelhilfen des Reiters bildet. Wehrt sich das Pferd jedoch gegen das Gebiß und geht mit hochgenommenem Kopf, so geht es über dem Zügel. Dies hat in jedem Fall auch einen weggedrückten Rücken zur Folge. Andere fehlerhafte Arten der Anlehnung sind das »Gegen-den-Zügel-« und das »Hinter-dem-Zügel-Gehen« des Pferdes.

# 39

## DEM PFERD DEN ZÜGEL HINGEBEN

Ein Pferd geht mit hingegebenem Zügel, wenn keine Verbindung zwischen dem Pferdemaul und der Reiterhand besteht. Der Zügel ist hierbei so lang gefaßt, daß er bogenförmig an beiden Seiten herunterhängt. Im Gegensatz hierzu bleibt beim »Am-langen-Zügel-Gehen« eine leichte Verbindung bestehen. »Zügel hingeben« kommt als Lektion in Dressurprüfungen vor und gilt als Prüfstein für eine vorherige weiche und sichere Anlehnung. Auf das entsprechende Kommando soll das Pferd den Hals ruhig nach vorwärts-abwärts dehnen und sein Tempo sowie das Gleichmaß der Bewegung beibehalten.

# 40

## DAS PFERD GEHT OHNE RÜCKEN

Biegt ein Pferd seinen Rücken unter der Last des Reiters nach unten durch, so geht es ohne Rücken. Die Rückenmuskulatur ist nicht bereit, das Gewicht des Reiters aufzunehmen und zu tragen. Häufigster Grund ist das »Über-dem-Zügel-Gehen« des Pferdes. Hierbei geht es mit hoher Nase und weggedrücktem Rücken. Auf einem solchen Pferd kann der Reiter schlecht sitzen und dementsprechend nur ungenügend auf es einwirken. Der weggedrückte Rücken hat seine Ursache in einer fehlerhaften Grundausbildung, während der das Pferd nicht dazu gebracht wurde, den Hals nach vorwärts-abwärts zu dehnen. Durch dieses Versäumnis wurde die Tätigkeit seiner Rückenmuskulatur nicht angeregt und dieselbe nicht gekräftigt. Spricht man vom Springen ohne Rücken, so ist dasselbe gemeint. Das Pferd drückt im Sprung seinen Rücken nach unten weg, anstatt ihn aufwärts zu wölben. Die Folge davon sind häufig hängende Beine und daraus resultierende Springfehler.

# 41

## DAS PFERD GEHT IN STELLUNG

Ist ein Pferd im Bereich von Kopf und Hals etwas seitlich gebogen, so geht es in Stellung oder ist gestellt. Bis auf wenige Ausnahmen soll das Pferd immer in die Richtung gestellt sein, in die es geht. Diesc scitliche Abstellung von Kopf und Hals soll nur so groß sein, daß der Reiter gerade den inneren Augenbogen und den inneren Nüsternrand sehen kann. Sie darf nicht stärker sein, als die später in der Ausbildung hinzukommende Rippenbiegung des Pferdes sein kann. Bevor also ein Reiter die gymnastizierende Biegung seines Pferdes anstrebt, muß es bei allen Wendungen im Gange sicher und konstant gestellt sein.

# 42

## DAS PFERD GESCHMEIDIG MACHEN

Die gesamte Ausbildung eines Pferdes zielt darauf ab, es durch systematische Gymnastizierung seines Körpers geschmeidig zu machen. Dies geschieht durch die Entwicklung seiner Schub- und Tragkraft sowie durch die Erzeugung der seitlichen Biegung seines Körpers. Die »Rippenbiegung« in Verbindung mit der Stellung wird Längsbiegung genannt. Sie soll es dem Pferd ermöglichen, auch auf gebogenen Linien zu spuren, d. h. mit den Hinterbeinen genau den Spuren der Vorderbeine zu folgen. Ein Pferd, das aufgrund stark ausgeprägter Längsbiegung ohne Takt- und Schwungverlust engste Wendungen im Gange gehen kann, ist in hohem Maße geschmeidig. Selbstverständlich ist auch für ein Springpferd die Geschmeidigkeit seines Körpers von großer Bedeutung.

# 43

## WENDUNGEN IM GANGE

Als Wendungen im Gange gelten weite und enge gebogene Linien. In Dressurprüfungen werden sie als Prüfstein für Geschmeidigkeit und Rittigkeit des Pferdes bewertet. Große Wendungen dieser Art sind z. B. die Zirkel- und Schlangenlinien, engere die Volten und Kehrtvolten. Letztere kann das Pferd nur mit einem Höchstmaß an Längsbiegung gehen. Im Gegensatz zu den Wendungen im Gange stehen die Wendungen auf der Stelle, z. B. die Vor- bzw. die Hinterhandwendung. Bei diesen Wendungen soll das Pferd auf der Stelle entweder mit der Hinterhand um die Vorhand oder mit der Vorhand um die Hinterhand herumtreten.

# 44

## DAS PFERD GEHT AUF DER VORHAND

Ein auf der Vorhand gehendes Pferd befindet sich nicht im natürlichen Gleichgewicht unter seinem Reiter. Es sieht kopflastig aus, bei allen seinen Bewegungen entsteht der Eindruck eines bergab gehenden Pferdes. Insbesondere werden hierbei die Vorderbeine des Pferdes stark belastet, was wiederum oft zu deren baldigem Verbrauch und somit auch zur Unbrauchbarkeit des Pferdes führt.
Ziel der Ausbildung ist es, durch die bereits erwähnte Entwicklung von Schub- und Tragkraft der Hinterhand die Vorhand des Pferdes zu entlasten und dadurch unter anderem auch eine längere Lebensdauer des Pferdes zu erreichen.

# 45

## DAS PFERD IST DURCHLÄSSIG

Durchlässig ist ein Pferd, wenn es ohne Widerstand und ohne jede Verzögerung sowohl auf die treibenden wie auch auf die verhaltenden Hilfen des Reiters reagiert. Treibende Hilfen des Reiters sind seine Gewichts- und Schenkelhilfen, die verhaltenden seine Zügelhilfen. Als Prüfstein der Durchlässigkeit gelten alle Übergänge von einer höheren in eine niederere Gangart, das präzise Halten aus jeder Gangart heraus und das willige Rückwärtsrichten. Alle hierfür nötigen annehmenden Zügelhilfen soll das Pferd willig und ohne sich aus der Anlehnung zu befreien ausführen. Andererseits soll es genauso sicher und reaktionsschnell auf die vortreibenden Hilfen des Reiters reagieren, so daß es aus dem Halten heraus ohne Verzögerung in jeder beliebigen Gangart antreten kann. Die Durchlässigkeit ist eines der wesentlichen Merkmale des gut gerittenen Pferdes.

# 46

## DAS PFERD IST GUT GESETZT

Hat ein Pferd gelernt, durch systematische Gymnastizierung sein eigenes Gewicht und das Gewicht seines Reiters mit der Hinterhand aufzunehmen und zu tragen, spricht man von einem gut gesetzten Pferd. Dieses Aufnehmen des Gewichts ist nur durch die vermehrte Beugung der Hanken (Hintergliedmaßen) des Pferdes möglich und das Ergebnis des gefühlvollen Zusammenwirkens aller Hilfen des Reiters während einer langen dressurmäßigen Ausbildung. Anstelle der Bezeichnung gesetzt kann ebenso der Begriff versammelt verwendet werden.

# 47

## VERSAMMLUNG

Die Versammlung ist die Entwicklung der tragenden Kraft der Hinterhand. Infolge erhöhter Durchlässigkeit, die durch das korrekte Zusammenwirken aller Hilfen entsteht, wird das Pferd in seinen Hanken gebeugt und nimmt die Last seines eigenen Körpers und die seines Reiters in zunehmendem Maße mit der Hinterhand auf. Seine Schritte, Tritte und Sprünge werden kürzer, jedoch fleißiger, energischer und erhabener. In allen versammelten Gängen soll der Eindruck des bergauf gehenden Pferdes entstehen. Die Schubkraft der Hinterhand darf nicht verlorengehen, sie soll sich jedoch nicht mehr ausschließlich nach vorn, sondern durch das Hinzuziehen der Tragkraft nach vorwärts-aufwärts entwickeln. Die elastische und gefühlvolle Hand des Reiters soll in Verbindung mit seinen bestimmt vortreibenden Hilfen und einem geschmeidigen Sitz den Schub auffangen und zur Hankenbeugung führen. Das Ergebnis richtiger Versammlung ist die relative Aufrichtung des Pferdes.

# 48

## DAS PFERD IST ZUSAMMENGESCHRAUBT

Herrschen die verhaltenden Hilfen des Reiters den treibenden gegenüber vor oder wirkt der Reiter mit starrer bzw. gefühlloser Hand rückwärts auf das Pferdemaul ein, so wird das Pferd im Hals sehr eng und geht dabei häufig mit der Stirnlinie hinter der Senkrechten sowie mit schleppenden Hinterbeinen. Diese äußere Form entspricht genau dem Gegenteil des gut gerittenen Pferdes, das mit aktiver Hinterhand und schöner relativer Aufrichtung gehen soll. Auch der Rücken eines dieserart fehlerhaft gerittenen Pferdes wird stets fest sein und den Reiter nicht bequem sitzen lassen.

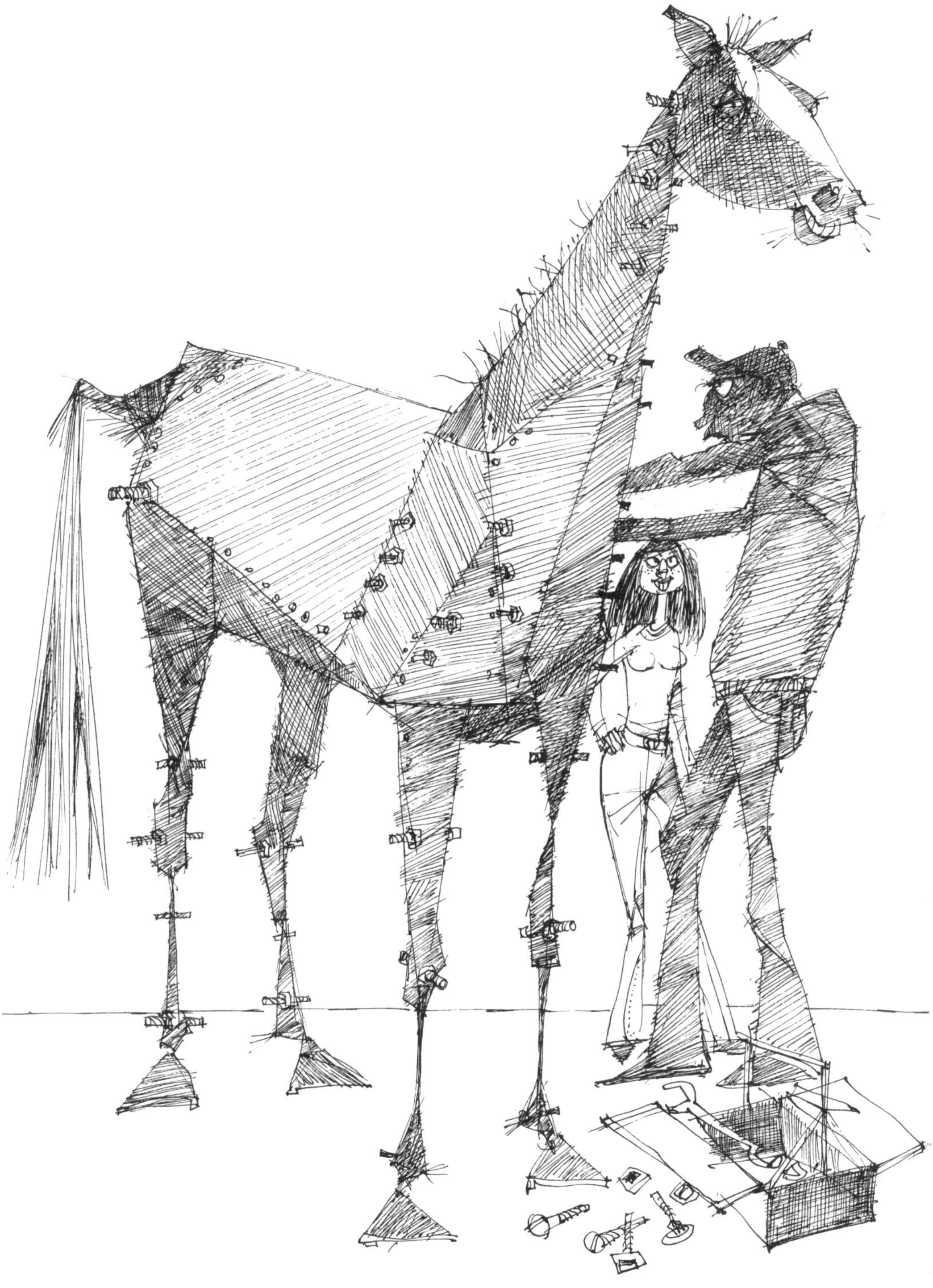

# 49

## GEBUNDENER SCHRITT

Der Schritt ist eine schreitende Bewegung im Viertakt. Das Auffußen der Beine erfolgt gleichseitig, aber nicht gleichzeitig. Neben diesem so entscheidend wichtigen Gleichmaß der Bewegung soll der Schritt ruhig und gelassen, dabei aber ausdrucksvoll und vor allem lang und raumgreifend sein. Erwünscht ist nicht nur möglichst viel Bodengewinn der Vorderbeine; auch die Hinterbeine sollen weit nachtreten. Im normalen Gebrauchsschritt (Mittelschritt) treten sie etwas, im starken Schritt möglichst weit über die Spuren der Vorderbeine hinaus. Gewinnt ein Pferd in dieser Gangart nur wenig Boden, macht es also kurze und eilige Schritte, wird sein Schritt als gebunden bezeichnet.

# 50

## DAS PFERD IST AUF DEN KOPF GESTELLT

Auf den Kopf gestellt ist ein Pferd, wenn es mit sehr engem Hals und stark hinter der Senkrechten stehender Stirnlinie geht (siehe »Das Pferd ist zusammengeschraubt«). Diese Form des Pferdes gilt stets als krasser Ausbildungsfehler, der seinen Grund im Vorherrschen der verhaltenden Zügelhilfen hat. In jeder Phase der Ausbildung sollte die Stirnlinie immer leicht vor der Senkrechten stehen. Selbst bei der Dehnungshaltung, d. h. bei der Vorwärts-abwärts-Streckung des Halses, sollte die Stirnlinie nicht hinter die Senkrechte geraten. Wie weit andererseits ein Pferd mit der Stirnlinie vor der Senkrechten gehen kann, hängt von seinem Gebäude und seinem Ausbildungsstand ab (relative Aufrichtung). Je gesetzter ein Pferd ist, um so höher soll es Kopf und Hals tragen. Die untere Linie des Halses darf jedoch niemals nach vorn ausgebogen sein. Ist dies der Fall, geht das Pferd nicht in der erstrebten Aufrichtung, sondern über dem Zügel (siehe Nr. 38).

# 51

## ZERBROCHENER GALOPP

Der Galopp eines Pferdes gilt als zerbrochen, wenn seine Fußfolge in dieser Gangart keinen reinen Dreitakt zeigt oder hören läßt. Beim korrekten taktmäßigen Galopp fußt zuerst ein Hinterbein (Takt 1), danach das andere Hinterbein zusammen mit dem diagonal gegenüberliegenden Vorderbein (Takt 2) und dann das andere Vorderbein (Takt 3). Wenn nun das Auffußen des diagonalen Beinpaares (Takt 2) nicht mehr gleichzeitig, sondern nacheinander erfolgt, entsteht ein Viertaktgalopp. Dieser wird in der Reitersprache zerbrochen genannt und ist die Folge eines krassen Ausbildungsfehlers, nämlich der zu früh erfolgten oder zu stark forcierten Versammlung des Pferdes im Galopp.

# 52

## DAS PFERD WIRD ÜBERFALLEN

Die Hilfengebung des Reiters soll ausgewogen und harmonisch erfolgen. Setzt dieselbe bei irgendeiner Lektion oder vor einem Hindernis ruckartig und somit unverhofft ein, spricht man von überfallartiger Hilfengebung des Reiters. Unsicherheit, Heftigkeit und Nervosität beim Pferd sind die Folgen dieses Reiterfehlers. Beim Springen geht in den meisten Fällen die auf den Sprung gerichtete Konzentration des Pferdes verloren, was wiederum häufig Springfehler zur Folge hat.

# 53

## DAS PFERD LÄSST GUT SITZEN

Gut und bequem sitzen und dementsprechend sicher einwirken kann der Reiter nur auf einem schwingenden und federnden Rücken. Dieser entsteht durch die vermehrt untertretenden und energisch abfußenden Hinterbeine in Verbindung mit einer sicheren Anlehnung. Ein verkrampfter oder weggedrückter Rücken wird demgegenüber fast immer einen steifen Sitz des Reiters und damit seine mangelnde Einwirkung zur Folge haben.

# 54

## DAS PFERD WIRFT

Wird ein Reiter im Trabe stark geworfen und kann deshalb schlecht sitzen, hat dies häufig in einer sehr ausgeprägten Tätigkeit der Rückenmuskulatur eines Pferdes seinen Grund. Auch eine sehr steile Fesselung des Pferdes kann die Ursache einer harten und schlecht auszusitzenden Bewegung sein. Pferde mit sehr großen Bewegungen und energisch schwingendem Rücken können nur von Reitern »ausgesessen« werden, die sehr geschmeidig sitzen und elastisch in die Bewegung des Pferdes eingehen können.

# 55

## SCHULTERHEREIN

Das Schulterherein ist eine Vorwärts-seitwärts-Bewegung, bei der sich das Pferd in seiner ganzen Längsachse gebogen auf zwei Hufschlägen bewegt. Die Hinterhand geht auf dem Hufschlag, die Vorhand neben dem Hufschlag, die Kopfstellung ist nach innen gerichtet. Dieser Seitengang ist die Grundlage für die beiden anderen Seitengänge, den Travers und den Renvers. Auch bei diesen bewegt sich das Pferd in sich gebogen auf zwei Hufschlägen. Schulterherein wird als Lektion in mittelschweren und schweren Dressurprüfungen im versammelten Trab verlangt und gilt als Prüfstein für Elastizität und Versammlung eines Pferdes. Bei der täglichen Arbeit des in der Ausbildung bereits fortgeschrittenen Pferdes ist es ein ausgezeichnetes Mittel, dieses biegsam und geschmeidig zu machen.

## 56

### DAS PFERD FÄLLT AUSEINANDER

Durch das korrekte Zusammenwirken der treibenden und verhaltenden Reiterhilfen soll das Pferd in allen Gangarten und bei allen Übungen willig an das Gebiß in seinem Maul herantreten, so daß dieses den Gegenpol für die treibenden Hilfen bildet. Nur eine weiche und doch gleichmäßige Anlehnung sichert das energische Herantreten der Hinterbeine und den dadurch entstehenden optischen Eindruck eines in sich geschlossen und mit federndem Rücken gehenden Pferdes. Das ohne Anlehnung gehende Pferd hingegen wirkt lang und in seinen Bewegungen unharmonisch. Kann der Reiter ein Pferd infolge seiner mangelnden Einwirkung nicht »zusammenhalten«, spricht man vom Auseinanderfallen des Pferdes.

# 57

## HANDARBEIT

Die Arbeit an der Hand ist ein wichtiges Hilfsmittel zur Versammlung eines Pferdes. Sie kann als dressurmäßige Arbeit eines Pferdes ohne Reiter bezeichnet werden. Dieser führt hierbei sein Pferd am Kopf und veranlaßt es durch Touchieren seiner Hinterbeine mit einer langen Handarbeitsgerte, sich in den Hanken zu beugen und so vermehrt zu versammeln. Auch bei der Erlernung der Piaffe, einer trabartigen Bewegung auf der Stelle, ist die Arbeit an der Hand ein bewährtes Hilfsmittel.

# 58

## DAS PFERD PULLT

Ein pullendes Pferd geht heftig gegen die Hand seines Reiters. Solche Pferde sind besonders unangenehm in Gesellschaft anderer Pferde zu galoppieren oder im Jagdfeld zu reiten. Heftiges Temperament oder auch ein durch harte Handeinwirkung festgewordenes Maul sind die Ursachen dieser unangenehmen Eigenschaft des Pferdes. (Siehe »Das Pferd nimmt dem Reiter die Hand«.)

# 59

## DAS PFERD MACHT KLÖTZE

Klötze macht ein Pferd, wenn es beim Springen durch Abwerfen von Hindernisteilen, wie z. B. Stangen, Planken oder Mauerkästen, Fehlerpunkte angerechnet bekommt.

# 60

## SAUBERMACHEN

Jeder Springreiter legt größten Wert darauf, daß sein Pferd die im Parcours stehenden Hindernisse sicher und ohne diese zu touchieren überwindet. Die letzten vorbereitenden Sprünge auf dem Abreiteplatz sollen deshalb bei voller Konzentration und Aufmerksamkeit des Pferdes erfolgen. Es soll also saubergemacht, d. h. zu besonders sorgfältigem Springen ermahnt werden. Ein bereits routiniertes Pferd kann zu diesem Zweck von einem erfahrenen Reiter etwas dichter als gewöhnlich an das Hindernis herangeritten werden. Dadurch muß es sich steiler und nachdrücklicher heben und insbesondere seine Vorderbeine energischer anziehen. Voraussetzung für eine solche Maßnahme sind Geschmeidigkeit, gutes Taxiervermögen und eine bereits ausgefeilte Beintechnik des Pferdes.